T0104892

COMO ALCANZAR LA SANIDAD INTERNA

MARIXA ESCOBAR

Copyright © 2015 por Marixa Escobar.

Número de Control de la Biblioteca del Congreso de EE. UU.:   2015915357
ISBN: Tapa Dura   978-1-5065-0865-8
                 Tapa Blanda   978-1-5065-0864-1
                 Libro Electrónico   978-1-5065-0863-4

Todos los derechos reservados. Ninguna parte de este libro puede ser reproducida o transmitida de cualquier forma o por cualquier medio, electrónico o mecánico, incluyendo fotocopia, grabación, o por cualquier sistema de almacenamiento y recuperación, sin permiso escrito del propietario del copyright.

Las opiniones expresadas en este trabajo son exclusivas del autor y no reflejan necesariamente las opiniones del editor. La editorial se exime de cualquier responsabilidad derivada de las mismas.

El texto Bíblico ha sido tomado de la versión Reina-Valera © 1960 Sociedades Bíblicas en América Latina; © renovado 1988 Sociedades Bíblicas Unidas. Utilizado con permiso.
Reina-Valera 1960™ es una marca registrada de la American Bible Society, y puede ser usada solamente bajo licencia.

Información de la imprenta disponible en la última página.

Fecha de revisión: 17/09/2015

Para realizar pedidos de este libro, contacte con:
Palibrio
1663 Liberty Drive
Suite 200
Bloomington, IN 47403
Gratis desde EE. UU. al 877.407.5847
Gratis desde México al 01.800.288.2243
Gratis desde España al 900.866.949
Desde otro país al +1.812.671.9757
Fax: 01.812.355.1576
ventas@palibrio.com
719897

CONTENIDO

DEDICATORIA

A Dios Padre, Hijo y Espíritu Santo por la ayuda brindada en mi Proceso de Sanidad Interna.

A mi madre, Olga Rivera, quien fue mi ayuda incondicional durante la etapa más difícil de mi vida y quien siempre abrió su corazón para entenderme y apoyarme.

A mis dos hijas, Yanira y Yaritza quienes fueron partícipes indirectamente de esas etapas difíciles en mi juventud.

A mi padre, Rafael Escobar López, QED, quien sé que me llevó en sus oraciones durante todo el proceso y a un selecto grupo de amigos, hermanos en la fe y amigos. Especialmente a quien fuera mi Pastor en ese momento, Rev. José A. Cruz (Falito), su esposa, Gloria Cardona, al Rev. Manuel Velázquez y esposa, Estrella Velázquez y a dos grandes amigas, Lourdes Rojas e Isabel González. Sin ellos a mi lado todo hubiera más difícil. A Ivette Rivera, tía de mis hijas, quien acompañó y cuidó a su hermano hasta el final. Gracias a todos.......Los Amo.

INTRODUCCION

Muchos de nosotros vivimos toda una vida con nuestro corazón y nuestra mente llena de resentimientos. Resentimientos por hechos que nos han marcado tan fuertemente que nos acompañan internamente a través de nuestro diario vivir.

La llamada "felicidad completa" no existe para quien se siente lleno de estas amarguras. Y las llamo amarguras porque las mismas no nos permiten disfrutar de la felicidad que el tener a Cristo en nuestros corazones nos debe producir.

Muchos de nuestros propósitos y metas en la vida se han detenido, estamos frustrados. En ocasiones nos preguntamos qué nos pasa. Tenemos todas las herramientas necesarias para triunfar, pero no triunfamos.

Y pasa nuestra juventud, adultez y envejecemos sin cumplir nuestros deseos. Todo debido a una gran pena que llevamos por dentro. Eventos que ocurrieron en nuestra juventud y que no hemos podido olvidar y mucho menos perdonar.

Que cuando otra persona quizás toca el mismo tema con su propia experiencia, nos refresca el recuerdo. Lloramos, lloramos y sufrimos. Volvemos a vivir la experiencia de hacen 5, 10, 20 ó 30 años atrás.

No haz olvidado, no haz perdonado. Pero alguna vez te haz preguntado hasta cuándo?. Te haz decidido a decirle basta al recuerdo?. Quieres perdonar para ser perdonado?.

A través de este libro, deseo ayudarte en el proceso de sanación personal y llevarte hasta la meta del perdón.

Solos no podemos, necesitamos al Espíritu Santo de Dios para cumplir esta meta y necesitamos de un tiempo para nosotros. Un tiempo que lo voy a dedicar a "Sanar Mis Heridas".

Te exhorto a no llevar más esas cargas de amarguras que te hacen ocultar lo bello y hermoso que eres como persona. Libérate del dolor y del sufrimiento. Cristo Jesús nos hizo libres.

En mi caminar por la vida he tenido momentos en los cuales he sentido la carga de la amargura. Y esta amargura ha sido provocada por diferentes circunstancias. Pero encontré la ayuda en cada una de ellas. Jesús me dio la salida para hoy sentirme feliz conmigo misma, agradecida de la vida que me ha tocado vivir y estar en paz con todos los que trataron de hacerme algún daño.

Si escudriño mi corazón, encontraré un corazón limpio por la sangre de Cristo y lleno de mucho amor para todo mi prójimo, no importando lo que me hayan tratado de hacer.

Cuando miro al pasado, encuentro en cada una de las etapas de mi vida un plan para llegar hasta Jesús. Y de cierta manera, hoy día, se lo agradezco.

A continuación tocaré algunas situaciones difíciles que pueden estar provocando en tu vida un dolor interno. Si te identificas con alguna de ellas, analiza las sugerencias inspiradas a mi vida por el Espíritu Santo para recibir la **SANIDAD INTERNA.**

"CONOZCAMOS LA AMARGURA"

La amargura es un sentimiento de trizteza que llega al corazón, producido por eventos negativos y que provoca ciertos cambios en la conducta del ser humano. Este sentimiento también incluye la pena, el coraje y el disgusto.

Estos cambios en la conducta se reflejan a través de rechazo, odio, desinterés, aislamiento, falta de comunicación, depresión y otros.

La amargura nos la puede provocar eventos tales como un divorcio, la muerte de un ser querido, una desilusión , el engaño de un amigo, la envidia, una traición, el desprecio y otras circunstancias que exploramos más adelante.

Lo importante de todo esto es que para cada una de ellas hay una salida. Y es Jesús quien nos provee la misma. Bien cita la Palabra de Dios en 2da. De Corintios 5:17 **"De modo que si alguno está en Cristo, nueva criatura es; las cosas viejas pasaron, he aquí todas son hechas nuevas"**. Exploremos el texto en cada una de sus partes.

"SI ALGUNO ESTA EN CRISTO"

Para este proceso de la Sanación Interna es indispensable estar en Cristo. Haber sentido la experiencia del perdón a través de la sangre del Hijo de Dios.

Los cambios internos del hombre serán imposibles de ocurrir si El no está en nosotros. Aunque la ciencia y muchos especialistas han tratado de ocupar ese espacio, no cumplen este cometido a cavalidad por el solo hecho de no ofrecer a Jesús, la ayuda perfecta.

Este es tu primer paso para poder liberarte de la carga que durante años no te ha permitido disfrutar de esa felicidad plena. Estar en Cristo te ofrece seguridad espiritual, seguridad física, seguridad mental. Estar en Cristo es la garantía de que disfrutaremos de una sanidad interna que nos permitirá ser feliz y hacer felices a otros.

El estar en Cristo no es solamente reconocer que hay un Dios y que durante toda nuestra vida hemos escuchado hablar de El. No. Esa no es la experiencia a la que me refiero. Estar en Cristo es haberle reconocido y aceptado como nuestro único y exclusivo Salvador y haber experimentado el cambio interno.

"NUEVA CRIATURA ES"

Después de haber tenido la experiencia de aceptar a Cristo como nuestro único y exclusivo Salvador, espiritualmente sentimos que su sangre, que fue derramada en la cruz del calvario, nos limpia de todo pecado. Es en ese preciso momento que comienza nuestra transformación para ser entonces "NUEVAS CRIATURAS EN CRISTO JESUS".

Esa sangre de Cristo que ya te ha limpiado y que te hace "estar en El", también provocará cambios en tu vida. Esos cambios se reflejarán interna y externamente. Es aquí donde comienza la labor del Espíritu Santo.

En este proceso el consolar, sanar, transformar y libertar, forman parte del trabajo interno que comenzarás a experimentar.

"Consuela nuestra alma afligida, sana las heridas que durante toda una vida han permanecido haciéndonos daño, transforma nuestras vidas triztes en vidas llenas de alegría y liberta el espíritu que durante años estuvo preso en el pecado."

12

"LAS COSAS VIEJAS PASARON"

En este punto de nuestra relación con Cristo, ya comienza a ser notable y palpable en nosotros la transformación. Ya no seremos más los mismos. Todo lo *"viejo"* pasó a ser historia. Una nueva vida ha resucitado en nosotros.

Dentro de esa nueva vida incluímos las historias triztes pasadas. Lo viejo es todo ese dolor, pena, sufrimiento y amarguras que llevábamos dentro antes de conocer a Jesús. También son todas aquellas aptitudes negativas, de las cuales se nos hacía difíicil liberarnos.

Una de esas cosas viejas que más abunda y que permanece en el corazón aún de muchos llamados cristianos, es el *"odio"*. El odio, por todos los tiempos, ha sido el causante de muerte, separación, enfermedades, etc.

Es en este punto donde debemos de acudir en busca de la ayuda Divina. **"Porqué seguir con todos esos malos sentimientos si a través de Cristo se nos ofrece una nueva vida?"**. Cuánto tiempo llevas guardando ese odio en tu corazón? Verdad que en muchas ocasiones haz llorado por el recuerdo de algo que te hicieron, de algo que te dijeron? Hace cuánto tiempo sucedió? ¿Crees que te mereces esa vida? Estoy segura que no. Comienza hoy tu **Sanidad Interna**.

"HE AQUI TODAS SON HECHAS NUEVAS"

Que esperanza nos brinda Jesús! Todo en nosotros será nuevo. Por lo tanto, El tiene el poder para sanar nuestro corazón y hacer que todos nuestros sentimientos pasados que por años nos han hecho tanto daño, se conviertan en recuerdos más positivos.

A DONDE VAN ESOS MALOS RECUERDOS?

Puedo decirte que los recuerdos seguirán siendo recuerdos. Quizás nunca se borrarán de nuestra memoria. La diferencia de cuando venimos a Cristo es que El sana nuestra alma, de manera que cuando esos recuerdos vienen a nuestra mente, no nos duelen ni nos causan daño. Por lo contrario, muchas veces aceptamos que gracias a eso negativo que nos ocurrió, al final, algo positivo pudimos sacar.

*Vienen a mi mente recuerdos de situaciones muy difíciles y dolorosas por las cuales atravesé muchos años atrás. Pero **GLORIA A DIOS** que ya no duelen. Son heridas sanadas y lo que se sana no duele. Si el recuerdo te produce lágrimas y dolor, no han sanado. Cristo es el médico por excelencia. Acude a El y todas las cosas en ti serán hechas nuevas.*

QUE DESEA HACER JESUS POR TI?

La obra de Jesús y del Espíritu Santo no terminan cuando alcanzas la Salvación del alma. Citemos Efesios 3:16,

"Para que os dé, conforme a las riquezas de su gloria, el ser fortalecidos con poder en el hombre interior de su Espíritu."

La fortaleza es parte de las bendiciones que el Señor Jesús quiere añadir a nuestras vidas. Es lo esencial para soportar los embates de la vida. El hombre interior, alma y espíritu, se alimentan precisamente de muchos elementos, entre los cuales, la fortaleza, es indispensable.

La generosidad de Jesús, convertida en lo que llamamos amor, se manifiesta ofreciéndole al hombre todas las herramientas que le van a servir para el uso diario mientras estemos en este mundo terrenal. El nos dice que "Si alguno quiere seguir en pos de mi, niéguese a sí mismo, tome su cruz cada día y sígame". (Lucas 9:23) También nos dice "En el mundo tendréis aflicción, pero confiad yo he vencido al mundo". (Juan 16:33)

Cuando El nos pide que confiemos, nos está garantizando la victoria. La aflicción también fue parte de su vida en la tierra. El sintió lo que tu y yo sentimos. Supo lo que era el desprecio, la burla y la soledad, pero confió en la ayuda que le brindaba su Padre Celestial y venció.

Venció a satanás, venció a sus enemigos y detractores, venció al mundo. Y esa misma victoria te la ofrece a tí y a mí.

Te invito a que comienzes a curar todos tus recuerdos negativos. Hoy es ese gran día en que te debes decidir a sanar internamente. La medicina ha sido encontrada. Para el que cree, todo es posible.

Usa el poder que Jesús te brinda para que puedas resolver eso que durante tanto tiempo no te ha permitido ser feliz. Tu hombre interior necesita ser liberado y así poder proclamar las verdades del Evangelio.

"EXPLORANDO LAS HERIDAS"

A continuación exploraremos situaciones de nuestro diario vivir que son causantes de las heridas internas que sufre el hombre y que pueden ser la causa de tu dolor.

En cada una de ellas aplicaremos la Palabra de Dios y ofreceremos, según el Espíritu Santo nos dirija, sugerencias para sus posibles soluciones. No olvides que la parte esencial de todo este proceso de sanación es el Espíritu Santo y tu. Ni aún esta servidora podrá servir de solución si primero no estás tu y esa Divina Persona.

Un detalle para recordar es que al igual que cuando nuestro cuerpo sufre una herida punzante o de alguna arma blanca, como lo es un cuchillo, una navaja o cualquier otro artefacto cortante, se derrama sangre y sentimos mucho dolor. Quizás el proceso de sanidad es lento y hasta en ocasiones se nos puede infectar la herida, lo cual requerirá volverla a curar y esta vez quizás sin anestesia. Esto producirá mucho dolor.

Cuando la herida sana, queda una cicatriz, pero el dolor ya ha desaparecido. Esto mismo ocurrirá en la sanidad interna de los malos recuerdos. Llegará el momento en que verás las cicatrices, pero el dolor habrá desaparecido.

Es obvio que no podré mencionar todas las situaciones pero trataré las más comunes. Y aunque la que estés pasando no sea mencionada, el Dios que ofrece alternativas y soluciones es el mismo. Un Dios Todopoderoso y para el cual todas las cosas son posibles. Aleluya

"QUE ES EL DOLOR?"

Antes que comenzemos a explorar algunas de las situaciones que nos causan heridas internas, quisiera tomar un tiempo para que tratemos de entender lo que significa **dolor.**

La palabra dolor es definida en el diccionario como una sensación molesta y desagradable. Es una pena y también se constituye en una tristeza excesiva.

En Isaías 61:3 se nos dice **"A ordenar que a los afligidos de Sión se les dé gloria en lugar de ceniza, óleo de gozo en lugar de luto, manto de alegría en lugar del espíritu angustiado".** Esto está muy relacionado con el dolor, ya que cuando hay dolor el espíritu así se siente. Pero Gloria a Dios, que la alegría del Señor está dispuesta para vencer este mal.

También nos dice Isaías 53:4 **"que ciertamente llevó El nuestras enfermedades y sufrió nuestros dolores".** Permítele al Padre Celestial quitar el dolor y sanar tu herida.

PUEDO CONTROLAR EL DOLOR?

El dolor se puede controlar desde un punto de vista. Es posible que no podamos evitar el sufrimiento ni la pena por una situación dolorosa. Hasta cierto punto, es aconsejable dejar que las emociones salgan de nuestro interior y se manifiesten de acuerdo a la ocasión.

*Algo que sí podemos controlar es el tiempo en que esas emociones van a estar en nosotros. Esto es, la alegría que se manifieste por un evento específico, tendrá su tiempo razonable para manifestarla. Así también el dolor debe tener su tiempo para que se manifieste en nuestras vidas. Pero llegará el momento en que debemos decirle **basta**.*

Es en este punto donde muchas personas no encuentran el equilibrio para establecer la línea y poner un pare al sufrir. Debe llegar el momento en que podamos volver a sentir la alegría de seguir viviendo para Dios y para nuestra familia.

*Hay quienes por causa del dolor han dejado de demostrarle el afecto a sus hijos, padres, hermanos, etc. Se sienten ahogados de por vida en una situación que se les ha ido de sus manos por falta de un momento de reflexión en el que digan ya basta de sufrir. Si Cristo me ofrece gloria en lugar de ceniza, óleo de gozo en lugar de luto y manto de alegría en lugar del espíritu angustiado, echaré mano a esa promesa y lucharé por retenerla. **Hoy comienza mi proceso de sanidad.***

"EL DOLOR POR UNA MUERTE"

Es el tema al que muchos le huyen y del que nadie quiere hablar. El dolor por una muerte se puede sentir de diferentes magnitudes, aunque el dolor siempre es dolor.

Cuando se nos muere un padre, madre, hijo o esposo (a), es de suponerse que lo que sentimos es que se nos acaba la vida. Muchos llegan al grado de sentir que la vida ya no tiene razón de ser. Se debilitan tanto hasta el extremo de no pensar más en ellos mismos. Solo viven por vivir. Ya no hay metas y sienten que con el fallecido ellos también fallecieron.

Quiero que entiendas que el dolor por una muerte es normal y permitido hasta cierto punto. Ese cierto punto al que me refiero es al humano. El que se siente por que se fue un ser querido y que extrañaremos por siempre. Pero no estaremos de luto por toda una vida. El recuerdo de ese ser amado permanecerá en nosotros por siempre. Será imborrable, pero el luto debe tener un fin. Tomará tiempo, lloraremos por varios días, semanas y hasta meses. Pero no por años. No todos los días que nos restan por vivir.

No debes permitir que por causa del dolor se tronchen los planes de Dios para con tu vida y ni aún aquellos personales que un buen día forjaste para tí mismo.

"MI EXPERIENCIA PERSONAL"

A este momento doy gracias a Dios por que disfruto de la presencia física de mis padres e hijas que El me ha dado, aunque recientemente perdí a mi abuelita materna, lo cual me causó mucho dolor. Pero hacen aproximadamente 20 años perdí al que fue el padre de mis dos hijas. Por causa de la droga contrajo el virus del SIDA y su muerte fue muy repentina e inesperada. Apenas 8 días duró en un hospital.

Para ese momento una de mis hijas contaba con 5 añitos de edad y la otra sólo contaba con 4 meses de nacida. Nuestro hogar había sido restaurado por el Señor apenas unos meses antes y el había reconciliado su vida con Jesús. Todo pasó rápido y apenas hubo tiempo de pensar en el porqué de esa muerte cuando todo comenzaba a estar bien.

A lo que quiero llegar es al punto del dolor. Luego del sepelio y cuando regresé a mi casa con mis dos hijas, sentí una soledad inmensa. Mi mente estaba llena de pensamientos dolorosos y el que más me atormentaba era la idea de si mi recién nacida y yo nos habríamos contagiado con el SIDA.

Tomé la costumbre de todas las noches, luego que mis hijas se acostaban a dormir, sentarme en un sillón en el balcón.

Por un buen rato mi mente se mantenía en blanco, pero a los pocos minutos comenzaban a llegar pensamientos. Comenzaba por recordar cómo se veía mi esposo en la cama del hospital lleno de tubos por todo su cuerpo. Que escena más trizte!

Así sucesivamente continuaban llegando a mi mente todos esos triztes recuerdos que me hacían terminar llorando. Esto se convirtió en una rutina de todas las noches por varias semanas.

Un buen día me puse a pensar que gracias al Señor ya ese hombre, que tanto había sufrido por el abuso de las drogas y sus consecuencias, estaba morando en un lugar donde no existía el sufrimiento y que yo misma tenía la certeza de que en el día de la resurrección para vida eterna, él iba a estar allí presente. Entonces me dije, y porqué seguir en este sufrimiento? ¿Acaso no era eso un motivo para yo estar contenta aunque no tuviera su presencia conmigo?

A través de la radio escuché un programa cristiano que lo dirigía un varón de Dios con especialidad en la consejería y sicología. Me sentí tentada a llamarlo y contarle aquello que me estaba aconteciendo todas las noches cuando me sentaba en aquel sillón.

Lo hice. Y su sabio consejo fue, primero que dejara de sen-
tarme en el sillón hasta tanto pudiera alcanzar el control de
mis pensamientos, y segundo, lo que estaba haciendo no era
agradable a Dios. No podía seguir en el sufrimiento porque
El me ofrecía disfrutar de una alegría plena.

Ya lo que me estaba pasando no era un dolor "normal".
Necesitaba liberarme de ese espíritu de angustia. Lo próximo
fue una oración de fe que el me hizo através de la vía
telefónica y en donde específicamente reprendió con poder ese
espíritu que me atormentaba en las noches.

La liberación fue inmediata. Mientras el oraba yo lloraba,
pero sentí que eso se desprendió de mi y desde ese momento en
adelante jamás he vuelto a sentir esa angustia. Por varios
días no me senté en el sillón. Cuando por fin lo pude hacer los
pensamientos trataron de volver, pero con la fuerza y el poder
de Dios los fui venciendo y ocupé mi mente en otros
pensamientos positivos.

Por delante tenía el reto de sacar dos hijas pequeñas adelante.
Tenía que comenzar a luchar con la economía, con la soledad,
seguir rindiendo una eficiente labor como secretaria, además
de brindarle la felicidad a una familia que me amaba.

Sabes, lo logré. Dejé el dolor a un lado. Comenzé a enfocarme en lo que en adelante Dios haría con mi vida. Y sabes qué fue lo próximo? Comenzar a testificarle al mundo entero que por medio de la mano divina de mi Dios, ni mi niña ni yo habiamos sido contagiadas con el virus del SIDA. Gloria a Dios!

Para comenzar esa nueva vida necesitaría una mente clara y un corazón lleno de agradecimiento y no de dolor. Con la ayuda del Señor lo he logrado hasta el día de hoy.

"TU EJERCICIO DE SANIDAD"

Comenzarás dándole gracias al Señor por el tiempo que te permitió compartir con ese ser amado. Si ese ser amado fue un creyente, sabes que está en la presencia de Dios.

Lleva tu mente al pasado. Al tiempo cuando ese ser vivía y todo estaba bien. Cuáles eran tus metas en ese tiempo? Te habías propuesto estudiar, trabajar? Te habías propuesto ayudar más en tu iglesia? Retoma todas esas metas y, en oración, comienza tu proceso de liberación.

*Ata el espíritu de angustia y dolor. Cita la palabra que se encuentra en Mateo 18:18 **"De cierto os digo que todo lo que atéis en la tierra, será atado en el cielo".** Pelea esa batalla y no te resistas ante la voluntad de satanás.*

Este ejercicio de oración constante de irá llevando derecho hacia la victoria. Si crees que sola (o) no puedes, busca la ayuda de un consejero espiritual, de tu pastor o de un miembro de la congregación que quizás haya pasado por esta experiencia.

Sé que lo lograrás en el nombre de Jesús. Al finalizar la oración dale gracias al Señor por haberte escuchado y por contestar tus peticiones.

DOLOR POR UN DIVORCIO

La separación matrimonial es una de las situaciones más difíciles de superar y que propicia mucho dolor interno. Son cientos de familias las que hoy en día atraviesan esta difícil etapa.

Sea cual sea el motivo por el cual tuviste que tomar esta decisión o si por el contrario fue tu pareja quien la tomó, sin que pudieras evitarlo, este es el momento de comenzar el proceso de sanidad.

La voluntad y propósito del Padre Celestial fue que el hombre y la mujer se unieran en matrimonio hasta que la muerte los separara. Pero por causa del pecado y de la desobediencia a ese mismo Dios, satanás ha tomado ventaja destruyendo a su paso todo lo que pueda, entre ello el hogar.

El dolor es causado cuando, como consecuencia de la separación, se han perdido los hijos o se han tenido que realizar cambios drásticos a la rutina de vida que se llevaba.

Tu caso puede ser que todavía amas a esa otra persona y sientes que sin ella a tu lado no podrás continuar. Es posible que durante los años de matrimonio creaste una codependencia de ese otro ser, lo cual ha producido en ti cierta inestabilidad.

No sabes cómo sobrevivirás. Aún las cosas más simples de la vida se te hacen las más difíciles de realizar. Cada día te preguntas, y ahora cómo salgo adelante?

Comenzaré por decirte que ni estás solo (a) ni tu vida será sin un propósito. Tu caso puede ser uno de dos, o quedaste con hijos o estás sola. Quizás no eres lo suficientemente joven y piensas que ya es tarde para pensar en establecer otro hogar, pero por otro lado le temes a la soledad.

El pensar que después de un matrimonio de 5, 10, 20 ó 30 años el compañero (a) decidió abandonarnos, nos puede causar un dolor tan fuerte que nuestra autoestima se encuentra en los niveles más bajos. Y es en ese punto donde debes comenzar a trabajar para superar lo restante.

"MI EXPERIENCIA CON EL DOLOR DE UN DIVORCIO"

Me casé en dos ocasiones con el mismo hombre, padre de mis 2 hijas. En total de los 2 matrimonios vivimos juntos aproximadamente 8 años. Cuando llevábamos 3 años de matrimonio, por causa del uso de las drogas y los problemas que esta situación creaba, nos tuvimos que separar y con el tiempo divorciar.

Mi lucha interna era el querer estar con el porque todavía nos queríamos, y a la misma vez deseaba salir de todos aquellos problemas que me estaban causando muchas pérdidas. Perdía la oportunidad de criar a mi hija en un ambiente sano y la confianza de mi familia y de buenas amistades que trataban de ayudarme siempre.

Perdí bienes materiales que fueron vendidos a mis espaldas para el consumo de drogas. Dí muchas oportunidades confiando en que en algún momento ese hombre cambiaría. Pero no sucedió así. Pasaron muchos años en lo mismo hasta que su muerte nos separó.

"QUE ME SOSTUVO?"

Por supuesto que mi Señor Jesús. Con las pocas fuerzas que me quedaban nunca me olvide de El y siempre me mantuve asistiendo a la iglesia, donde recibía palabra de aliento. Mi oración se basaba en que dirigiera mis pasos hacia un futuro mejor donde yo como persona me pudiera sentir satisfecha y segura.

"TU EJERCICIO DE SANIDAD"

Filipenses 3:14 dice **"...prosigo a la meta, al premio del supremo llamamiento de Dios en Cristo Jesús".** *Tu ejercicio de sanidad comienza con este hermoso texto. No importa lo que haya pasado en tu vida, es tiempo de proseguir adelante, dejando atrás todo el pasado.*

Debes valorarte y echar a un lado la lástima . No te escondas más. Sal a la luz. Hay un día hermoso que te espera para demostrarte las cosas lindas que nuestro Creador ha preparado para el disfrute de sus hijos.

Nada podrás hacer por tus propias manos. Es momento de ponerse en pie y comenzar a liberarse de todo espíritu de opresión y ponerte el manto de la alegría. Una alegría que perdurará por siempre porque nadie te la podrá quitar. Es tuya. Te pertenece.

De rodillas le dirás al Señor: Padre, te doy gracias porque hasta hoy me haz sostenido de tu mano. Hoy quiero que termine este dolor que no me ha dejado ver ni disfrutar a plenitud las grandes bendiciones que tienes para mi.

Te pido en el nombre de Jesucristo que este espíritu de tristeza que durante el último tiempo me ha consumido, sea reprendido en tu nombre y echado a las tinieblas de donde nunca más regresará a hacerme daño.

Dejo mi vida en tus manos y espero que seas Tu el que me guié a recibir todo lo que es mío y que satanás me había quitado.

*Llevo a mi corazón Isaías 43:2 **"Cuando pases por las aguas, yo estaré contigo; y si por los ríos, no te anegarán. Cuando pases por el fuego, no te quemarás, ni la llama arderá en ti."** Aleluya*

"EL DOLOR POR UNA ENFERMEDAD"

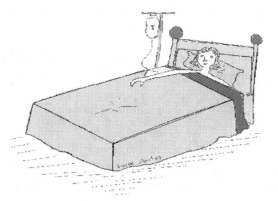

Es de suponerse que una persona que está padeciendo de alguna enfermedad debe sentir, no solamente el dolor de la enfermedad, sino también el dolor de pensar hasta en la muerte física.

Cuando el espíritu de enfermedad ha entrado al cuerpo de un ser humano, los pensamientos acaban con la paz y la tranquilidad que antes se disfrutaba. Es un espíritu dañino que no proviene de Dios.

Si estás pasando por la trizte experiencia de una enfermedad, entiendo tu dolor, pero aún así Cristo ofrece un alivio espiritual y también la sanidad si tienes fe en El.

Esta es otra de las situaciones que cuando está presente no solamente afecta a la persona que la tiene, sino que también a todos los seres queridos que están a su lado. Por lo tanto, es un trabajo de conjunto.

Puede ser que en este momento tengas el temor de la muerte. Posiblemente, espiritualmente, no estás preparado para afrontarla, lo cual debe ser la mayor preocupación.

Decirle a una persona enferma no temas no es cosa fácil, pero sí el decirle confia en aquel que te dio la vida y que desea que la disfrutes en abundancia.

Hoy puedes comenzar a ver tu enfermedad desde otro punto de vista diferente. Estamos enfermos porque aún no hemos decidido estar sanos o estamos enfermos porque un propósito tiene el Señor con esta enfermedad.

"No se decidió a estar sano por Jesús"

2da. Crónicas 16:12 dice: **En el año treinta y nueve de su reinado, Asa enfermó gravemente de los pies, y en su enfermedad no buscó a Jehová, sino a los médicos.** En contraste con este texto encontramos en Hechos 10:38:...**como Dios ungió con el Espíritu Santo y con poder a Jesús de Nazaret, y cómo éste anduvo haciendo bienes y sanando a todos los oprimidos por el diablo, porque Dios estaba con El.**

El rey Asa enfermó. Su primera decisión fue acudir al médico en vez de clamar al Dios que yo estoy segura el conocía. No es malo ni pecado ir a los médicos. Dios les ha dado la ciencia para que puedan ser un canal de ayuda a los seres humanos.

Qué es lo que no quiere entonces Dios? No quiere la Gloria segunda, quiere la primera, la cual siempre le ha correspondido a El.

Quiere que en primera instancia vayamos en busca de la ayuda que solo El ofrece. Por qué? Porque su Hijo dio su vida en la Cruz del Calvario y por sus llagas nosotros hemos sido sanados. Esa es la promesa para todo aquel que pone su confianza en El primero.

El rey Asa pudo haber tenido más años de reinado, pero le costó la vida el haberle dado el lugar de Dios a quien no se lo merecía.

"DECIDIO QUE JESUS LO SANARA"

Un caso contrario al del rey Asa fue el caso del Apóstol San Pablo, quien oraba a Dios para que le quitara aquel aguijón de enfermedad que estaba sobre su cuerpo. El Apóstol Pablo dio a entender que aquella enfermedad que padecía, dentro de todas las tribulaciones, era con el propósito de que el no se enalteciera. 2da. Cor. 12:7

*El Señor le contestó a Pablo:....**Bástate mi gracia; porque mi poder se perfecciona en la debilidad, 2da. Cor. 12:9,** por lo que Pablo también dijo que;....**por amor a cristo me gozo en las debilidades, en afrentas, en necesidades, en persecuciones, en angustias; porque cuando soy débil, entonces soy fuerte, 2da. Cor. 12:10.***

!Que expresión tan llena de fe !"Cuando soy débil, entonces soy fuerte". Esto significa que aunque la carne esté enferma y nuestro espíritu angustiado por dicha enfermedad, podemos decir fuerte soy. Mientras mantengamos esa fe, el Señor no nos abandonará.

"Yo he venido para que tengan vida y para que la tengan en abundancia." San Juan 10:10

"ESPERO UN MIlAGRO"

Supongo que es esto lo que esperan todos los que están enfermos, inclusive aquellos que no conocen a Dios. Pero, ¿Sanará Dios a todos los enfermos? Antes de contestar la pregunta quiero recordarte tres características especiales de Dios.

El es Omniciente, Omnipresente y Omnipotente. Esto es, todo lo sabe, está en todos lugares y tiene todo el Poder. Por lo tanto, nada hay imposible para El.

*La respuesta a la pregunta es que se sanará **todo** aquel que deposite su fe en el Cristo de la Gloria. San Lucas 10:19 dice:....**"he aquí os doy potestad de hollar serpientes y escorpiones y sobre toda fuerza del enemigo, y nada os dañará".***

Dios ha compartido su Poder con nosotros para que reprendamos las obras de satanás. Ahí, en tu lecho de enfermedad y quizás con muy pocas fuerzas, comenzaremos tu ejercicio de sanidad.

"TU EJERCICIO DE SANIDAD"

Acércate a El en oración. En la intimidad de tu habitación o en la cama del hospital donde te encuentras, llámale. El acudirá a ti inmediatamente.

Hebreos 4:16 dice: **"Acerquémonos, pues confiadamente al trono de la gracia para alcanzar misericordia y hallar gracia para el oportuno socorro."** Nadie que viene a El, le echará fuera.

Comienza a proclamar tu sanidad. Sí, aunque todavía no lo estés. Eso es la fe. Reprende y rechaza ese espíritu de enfermedad. Atalo en el nombre de Jesús y ordénale que no regrese más a tu vida.

La sanidad puede ser inmediata, como también puede ser gradualmente. Lo importante es que sigas proclamando que Cristo ya murió por tu enfermedad y que hoy la recibes. Dale gracias y alaba su nombre.

DOLOR POR UNA
VIOLACION SEXUAL

Llegar a la adultez o vejez con el recuerdo doloroso de una violación sexual, es una de las experiencias mas triztes de la vida de un ser humano. Cuando esta experiencia no se ha podido exteriorizar, lleva a la persona afectada a una vida de caos y hasta puede provocar la muerte.

La violación sexual es un tema muy difícil de compartir. Si se ha podido salir con vida de ella, el afectado prefiere mantenerlo en secreto por muchas razones. Entre las más comunes está el miedo. Es una mala experiencia que deja muchas huellas. Huellas que nos marcan profundamente, quizás por el resto de nuestras vidas.

Si hemos sido objeto de algo similar y la herida aún no ha sido sanada, es tiempo de hacerlo ya. Comienza tu proceso de sanidad en este momento. Si, quiero decirte que hay remedio, Cristo te ofrece cura para tu dolor. El es quien conoce ese dolor y hoy ha llegado para sanarlo. Ha llegado para aplicarte la medicina del Espíritu Santo y comenzar a cerrar la herida.

*Antes de comenzar el ejercicio de sanidad, quiero que analicemos algunos puntos importantes relacionados con el tema y que quizás han pasado por tu mente durante la experiencia. Uno de ellos es **porqué a mí?**.*

Lo primero que quiero decirte es que el hecho de que te haya pasado a ti no significa que lo merecieras. Fuiste la víctima escogida, pero no lo merecías. Como no somos Dios, es difícil entender lo que está pasando por la mente de los seres humanos.

Muchos de ellos están poseídos de espíritus malignos, enviados por satanás para dañar y hacer sufrir a otros que como tu y yo, solo deseamos pasar por la vida agradando a Dios. Esos seres solo tienen el propósito de dañar a otros no importándoles lo que tengan que hacer.

Te escogieron a tí en un momento dado de tu vida. Te abusaron, te maltrataron, te dañaron. En el proceso, quedaste con vida y a la misma vez, moriste. Quedaste sin fuerzas para superar lo que te ocurrió y ahí fue cuando comenzaste a morir. Hasta hoy, no haz vuelto a la vida de felicidad que antes tenías. Ya no volvió a ser tu sonrisa, la sonrisa de una joven alegre o inclusive la de un joven feliz.

El victimario no escogió si eras hombre o mujer. Solo hizo daño. Has vivido el resto de tus días recordando esta amarga experiencia que te marcó, te frustó y en vida, te mató.

PORQUE DIOS NO LO IMPIDIO

Muchas personas que han pasado por momentos difíciles se preguntan dónde estaba Dios cuando esto tan horrible me estaba pasando. Acaso no estaba El viendo?

Porqué no hizo algo para impedirlo? Al no recibir una respuesta inmediata, la determinación que toman es la de no creer más en Dios y culparlo por lo sucedido.

Pero una cosa quiero que trates de entender. Dios es y seguirá siendo Dios creamos o no creamos. Mientras nosotros los seres humanos estamos pasando por momentos de tristeza y dolor, El está a nuestro lado dándonos la fortaleza para que podamos superar eso tan difícil que nos está ocurriendo.

HAY UNA VOZ

Esa es la que nos habla y advierte y que muchas veces no sabemos identificarla. Cuando somos jóvenes queremos andar de un lado a otro sin control alguno. Nuestros padres nos amonestan sobre los peligros de la calle, pero hacemos caso omiso a sus palabras, pensando que tenemos el control absoluto de la vida, no imaginando que a nuestro alrededor tenemos muchos enemigos ocultos, saetas del enemigo que nos quieren dañar.

Pero sabes qué? Hay una vocecita que cuando ve el peligro que nos asecha, nos dice; no vayas a ese lugar, no salgas hoy, no entres a ese lugar, no abras la puerta, etc. Lo que sucedió cuando no le hicimos caso a eso que no pudimos identificar, pero que nos advirtió, fue el fracaso. Ahora es tiempo de levantarnos. De echar fuera lo que por tantos años nos ha dañado.

Te pido que hoy te des el tiempo para recibir la sanidad interna que necesitas para la curación de esos recuerdos que no te han permitido ser feliz por tantos años.

Al paralítico de Betesda Jesús le preguntó; quieres ser sano? Por qué preguntarle quieres ser sano cuando eso era lo lógico? Todo enfermo desea la sanidad. Pero todo favor o acción de gracias necesita ser recibido voluntariamente. Hoy El también te pregunta, quieres ser sano?

Este paralítico no tenía idea de que no era necesario que descendiera al estanque para recibir la sanidad. Solo bastaba la palabra o el toque del Maestro para recibirla. Y asimismo sucedió, al instante quedó sano. Hoy quieres ser sano? Consideremos este proceso de sanidad. Me lo ha dado el Espíritu Santo, especialmente para ti.

" TU EJERCICIO DE SANIDAD"

EL PERDON PROPIO

*En un proceso de sanidad interna, el primer recurso de ayuda es el perdón. Perdónate a tí mismo. Lo ocurrido puede no haber sido tu culpa y de haberlo sido, **1ra. de Juan 2:1 te dice;........pero si alguno ha pecado, abogado tenemos para con el Padre, a Jesucristo el Justo**.*

*Ese abogado en este momento intercede por ti ante el Padre para extenderte su perdón. Jehová de los Ejércitos cuando se le reveló al Profeta Isaías, através de un Serafín le dijo....**He aquí que esto tocó tus labios y es quitada tu culpa y limpio tu pecado. (Isaías 6:7)***

Si todavía no haz podido acercarte al Creador para hablarle de tu dolor, puedes comenzar por este paso. El te limpiará de toda tu culpa. Cuando te sientas limpio, te podrás perdonar a tí mismo.

PERDONA A QUIEN TE LASTIMO

Pensarás que es imposible. Cómo me pide Dios que perdone a quien tanto daño me ha ocasionado. Será esto justo? De primera instancia dirás que es imposible. No tienes las fuerzas ni el deseo de hacerlo. Simplemente piensas que no lo harás.

*Por unos breves momentos te llevaré al proceso de perdón de nuestro Señor Jesucristo. Cuáles fueron las palabras que pronunció para aquellos que le humillaron hasta llevarlo a la muerte? **Perdónales porque no saben lo que hacen. Mateo 6:14-15 dice; "por tanto, si perdonais a los hombres sus ofensas, os perdonará también a vosotros vuestro Padre Celestial, pero si no perdonais sus ofensas a los hombres, tampoco vuestro Padre os perdonará vuestras ofensas."** Esto significa que se te otorgará tu perdón en la medida en que tú perdones.*

En este proceso quizás puedas decidir perdonar o no perdonar. Esta es tu decisión , si decides no hacerlo, tu herida nunca sanará. Si por el contrario, decides hacerlo, será la curación de todos tus malos recuerdos.

Para poder otorgarle el perdón a quien te dañó, esta persona no tiene necesariamente que estar de frente a tí.

Si tienes la oportunidad de buscarla, llamarla o escribirle, hazlo. Puede que te encuentres con la sorpresa de que ella también se haya arrepentido por el daño que te causó y no se había atrevido a confesártelo. Si esto ocurre, será una sanidad compartida y en adelante ambos podrán disfrutar de la verdadera felicidad sin culpas internas.

Si no tienes la oportunidad de encontrarla, vete de rodillas ante la presencia del Señor y con un corazón contrito y humillado ofrécele el perdón. Llora todo lo que tengas que llorar. Toma tu tiempo en este proceso. Con todo respeto, dile al Señor todo lo que sientas en tu corazón. Pronuncia el nombre de esa persona y dile.......te perdono.

Repítelo cuantas veces sea necesario hasta que sientas que lo haz logrado. Dale gracias a Dios por permitido. Regocíjate porque haz soltado la carga y en adelante serás feliz. Este proceso quizás no lo puedas finalizar en un solo día, ni con un solo intento.

De acuerdo a lo profundo del dolor y a las circunstancias en que ocurrió, será el tiempo que te pueda tomar ofrecer el perdón. Un detalle que debe estar presente en ti es que Jesucristo ofrece el perdón inmediato. El no necesita dos o tres días. En el momento que le pedimos, en ese momento lo recibimos. Lo que puede tardar es el tiempo en que tu te decidas a perdonar.

También puede ser que necesites alguien a tu lado que conozca la situación y que esté capacitada para ayudarte en este proceso. Si lo tienes que hacer sola (o), sabrás cuándo estés preparado para darle gracias al Señor y testificarle a otros tu victoria.

DOLOR POR SER UNA ESPOSA OPRIMIDA

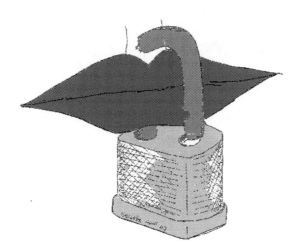

Se puede estar viviendo un "aparente" matrimonio muy feliz. Pero a la misma vez se puede estar pasando por el proceso de infelicidad jamás imaginable. El refrán "riendo como el payaso" se puede aplicar a nuestra vida.

Cuántos años de matrimonio? 5, 10, 20, 35, 40. Hijos, nietos, biznietos. Aparentemente una vida de felicidad. Pero cuántas mujeres llevan en su interior el dolor profundo de no ser felices en su matrimonio. De reflejar lo que no es y de esconderse tras la imagen de la felicidad completa.

El estar casada con un hombre que tiene las características de ser machista y autoritario, ha hecho que tanto tu opinión de las cosas de la vida, como todos tus deseos, hayan quedado escondidos y nunca realizados.

Haz vivido sin cumplir tus metas. Todas se quedaron en la mente y en el corazón. Alguien ha servido de tropiezo en tu vida.

El poder participar de las decisiones que se tienen que tomar en conjunto en un hogar, no ha sido parte de tu vida. Todos te valoran como un punto cero. Alguien sin importancia.

Existe un esposo y quizás hasta unos hijos egoístas que te han robado tu identidad. Eres lo que ellos quieren que tu seas. Te han hecho creer que solo eres la esposa, la madre, la que cocina, limpia, plancha, pero sin voz ni opinión.

Muchas de nuestras mujeres se sienten así. Pero eso puede ser hasta hoy. Hasta este momento en que lees estas letras. Hoy el Espíritu Santo te liberta de ese dolor interno y te sana esa herida que ha estado abierta por tantos años.

Nadie humano conoce tu dolor. Durante muchos años lo haz tenido muy guardado. Pero Dios, que es Espíritu, sí lo conoce y quiere sacarlo de dentro de ti para que puedas saber lo que es disfrutar de una felicidad plena. Para que te puedas realizar como mujer y puedas algún día sentirte muy orgullosa de lo que haz logrado en la vida. No es tarde. No importa la edad que tengas, hoy es el día para comenzar a sentirte libre de hacer y decir todo lo que quieras.

Decídete a ser feliz. Decídete a crecer en aquello que hasta hoy no haz podido. Eres libre por la libertad que Cristo te ha dado.

Te haz equivocado al pensar que no sirves para nada. Mira lo importante que eres, que después que Jehová le dio aliento de vida al hombre que había creado, vio que no era bueno que estuviera solo y decidió hacer a la mujer para que le sirviera de ayuda idónea. Fuimos creadas con propósitos. Creadas para ser compañera, para consolar, para servir, para ser amadas, respetadas y servidoras de Jesús.

La importancia que mereces no viene de parte de hombre alguno. Vino directamente de la mano de Dios cuando nos creó. Tu valor no es el que te pueda dar tu esposo o hijos. Tu valor ya te lo dio Jehová desde la creación del mundo y por lo que El supo que eras capaz de realizar. Aleluya.

COMO SUSTENTA LA BIBLIA ESTAS PALABRAS?

*En **Proverbios Capítulo 31** hay varios versos dedicados a este tema. **El verso 10 dice: "Mujer virtuosa quién la hallará? Su valor sobrepasa largamente al de las piedras preciosas. El 25: Fuerza y honor son sus vestiduras. El 28: Sus hijos se levantan y la llaman bienaventurada y su marido también la alaba.***

El 31: Ofrecedle del fruto de sus manos y que en las puertas de la ciudad la alaben sus hechos.

De acuerdo a estos versos bíblicos, los hijos deben reconocer el trabajo que realizan sus madres, así como también sus esposos. Sus halagos llenarán de alegría su corazón y sentirá que su trabajo no ha sido en vano. Reconocer lo que los demás hacen es un estímulo muy gratificante.

Esta experiencia quizás es desconocida para ti. Eres parte de un hogar donde se te ha negado todo tipo de reconocimiento y expresiones de amor.

QUE PUEDE HACER DIOS POR MI?

El Profeta Isaías en su Capítulo 61 y verso 1 dice: **Me ha enviado a.........vendar a los quebrantados de corazón, a publicar libertad a los cautivos........**

Hoy através de Jesucristo eres libre. Tienes autoridad, tienes poder. El te lo ofrece para que en su nombre puedas vencer. Hoy declara tu victoria y sé muy feliz. Enfrenta a tu familia con la autoridad que El te ofrece. Haz valer tus derechos y con un espíritu de mansedumbre declara a voz en cuello que El te hizo libre.

Una situación que me inspira el Espíritu Santo a mencionar, es el de cientos de mujeres cristianas que han sido marginadas por sus propios esposos cristianos para ejercer sus Llamados Ministeriales. En mi vida de 31 años de servicio al Señor, he visto muchos de estos casos.

Con gran pena he observado como mujeres talentosas han tenido que poner a un lado su Llamado al Servicio porque sus compañeros no han entendido la voz de Dios y quizás por el orgullo varonil, se han negado a reconocer que sus esposas han recibido esta bendición de parte del Señor. Esto ha provocado que vivas angustiada porque el propósito de Dios en ti no se ha podido cumplir.

En mi experiencia personal, pasé por esta trizte situación, pero cuando reconocí que Dios me llamaba, oré y el quitó el impedimento. Lo dejé a su voluntad.

Dios te llamará a cuentas por el talento que puso en tus manos. Lo que con tus fuerzas no puedas hacer, encomiendalo a El. Habrá algo más fuerte que Dios? Por supuesto que no.

"TU EJERCICIO DE SANIDAD"

Ha llegado el momento de que te presentes ante el Señor para que El comienze a limpiar tu corazón de todo sentimiento de culpa, de odio y del dolor que durante largos años te ha acompañado.

Es preciso recordar un poco lo pasado. Con esta oración te llevaré ante el Padre Celestial. El estará atento a lo que le vamos a presentar.

Padre Amado: Hoy vengo ante tu Santa presencia a entregarte éste mi corazón lleno de tantos malos recuerdos. Recuerdos que me han atormentado y me han seguido por los últimos años de mi vida. Necesito que ahora mismo comienzes a sanar mi interior. Cada herida que aún permanece abierta, sánala, por favor. Limpia mi corazón y permite que desde hoy yo pueda perdonar a todos los que me han hecho daño, especialmente a esa persona que tu conoces muy bien. Hoy la perdono y la pongo ante tu presencia para que la perdones.

Espíritu Santo lléname de tu presencia. Haz morada dentro de mi y permíteme ser un instrumento útil en tu obra.

Que esta amarga experiencia la pueda yo utilizar para ayudar a otros, que como yo han sido las víctimas de una mente maligna.

Desde hoy soy nueva criatura. Lavada por tu sangre y revestida con tu Santo Espíritu. En el nombre de tu Amado Hijo Jesucristo te doy las gracias. Amén.

" EL DOLOR DE NO CONOCER UNO DE TUS PADRES O ALGUNO DE TUS HIJOS"

Miles de personas alrededor del mundo se encuentran la difícil situación de que han vivido toda una vida sin conocer quién fue su padre o quién fue su madre. Se da también el caso de los que no les han conocido a ambos.

Todos queremos sober y conocer a quienes nos han procreado. Los padres y los hijos son los seres terrenales más importantes para cada ser humano.

En otra situación también hay miles de padres que en un momento dado de sus vidas abandonan alguno de sus hijos y nunca más han sabido de él o ella.

Los motivos o causas por lo cual se dieron estas situaciones ya pasaron. Algunas se pudieron resolver, aunque con la consecuencia de haber perdido el contacto con ese ser amado. Otras, a pesar de haber transcurrido muchos, muchos años, todavía están pendientes de resolver y familiares pendientes de encontrar. Encontrarlas para perdonar, para que nos perdonen a nosotros y para comenzar a amarlas.

La Palabra de Dios, La Biblia, ofrece un panorama muy hermoso para la familia, la cual fue instituida desde la creación del Universo.

*Fue y sigue siendo el propósito de Dios que tanto el hombre y la mujer con sus hijos, permanezcan unidos hasta tanto estos últimos se unan a su pareja en matrimonio, que es el momento en que deben dejar físicamente padre y madre. (**Efesios 5:31**) **Por esto dejará el hombre a su padre y a su madre y se unirá a su mujer y los dos serán una sola carne.**"*

En la mayoría de los casos, cuando se ha roto el vínculo familiar, es porque la familia no cuenta con el conocimiento pleno de cuál es la voluntad de Dios para con ellos. El pecado del hombre ha sido la causal más predominante en la separación de nuestros familiares.

Hay soluciones que hoy el Espíritu Santo nos quiere revelar para ayudar a las familias que hoy sufren la separación. Las herrramientos que hoy te podemos ofrecer pueden y serán suficientes para restaurar tu vida llena de amarguras y heridas muy profundas.

Eres un hijo que desconoce quién es su padre o madre?

La clave más importante es tu relación con Dios. Para una situación de búsqueda, nadie más necesario que El.

No habrá investigador privado ni otro recurso que te pueda resultar tan útil como el mismo Dios. El proceso de búsqueda es uno que implica mucha paciencia. Mientras ese proceso se va llevando a cabo, primero Dios quiere tratar con tu interior para proveerte la paz que necesitaras para continuar con una vida normal.

Si haz llorado por años por la necesidad de conocer la identidad de alguno de tus padres, hoy el Espíritu Santo de Dios te pide un espacio para El entrar a hacer morada y ocupar el lugar que ha estado vacío.

En el Salmo 27:10 la Biblia dice: **"Aunque mi padre y mi madre me dejaran, con todo, Jehová me recogerá."** *En este momento de tu vida lo primordial debe ser recobrar al Padre Celestial, el cual quizás no ha sido parte de ti. Tu proceso de sanidad comenzará caundo le permitas a El entrar a tu corazón.*

Después de darle a El esa oportunidad de limpiar tu alma, El pondrá en orden todas las cosas para proveerte todos los elementos que produzcan que ese padre o madre aparezca.

Algo que debes entender es que hay circunstancias que ya no se pueden arreglar. Por ejemplo, puede darse el caso que ese padre o madre haya fallecido. Ya no lo podrás remediar, ni tampoco te debes de sentir culpable. En todo caso, darle las gracias al Señor por haberte permitido conocer su identidad, aunque no conocerlo en persona. Entonces podrás continuar tu vida, ya conociendo quién fue esa persona.

Otro detalle que debes analizar es que en muchas de nuestras familias existen grandes secretos, los cuales ninguno de los miembros quiere revelar. Muchas veces, aunque ahora no lo entiendas, sucedieron cosas tan increíbles, que no revelarlas es la mejor solución. Por ejemplo, que tu padre sea tu hermano, tu abuelo, tu tío o cualquier familiar cercano que abusó sexualmente de tu madre.

En casos como estos los padres prefieren ocultarle a sus hijos sus verdaderos vínculos por miedo a la reacción de éstos.

Te imaginas que uno de estos casos sea el tuyo? Tu reacción luego de descubierta la verdad, sería el no haberte enterado de la verdad. Es por eso que aunque no llegues a conocer a ese padre o madre, siempre le agradezcas a Dios el haberte dado vida y procurar confesar a Cristo como tu Salvador para que entonces tengas la gran oportunidad de ser un Hijo de Dios.

El es el Padre que nunca nos abandonará. El Evangelio según San Juan Cap. 1:12 dice: **"Más a todos los que le recibieron, a los que creen en su nombre, les dio potestad de ser hechos hijos de Dios."**

Si por una u otra razón, que solo Dios puede conocer, no llegaras a conocer a ese padre o madre, acepta esta oportunidad que El te da de ser tu Padre. El te cuidará por el resto de tus días y te dará todos los beneficios de ser llamado uno de sus hijos.

"TU EJERCICIO DE SANIDAD"

Te presentaré ante Su presencia para que te ayude a encontrar ese padre o madre que te brindará la oportunidad de ser feliz por el resto de tus días. También le daré gracias si el resultado de la petición es negativo. El sabrá el porque de no haberlo permitido.

Padre, en este momento te presento esta vida que por años ha vivido la angustia de no saber quién es su padre o su madre. Es una parte de su vida que quisiera conocer para estar en paz consigo mismo. Hoy yo te pido que sean movidas tus manos en beneficio de esta vida y que abras esa puerta que ha estado cerrada por tanto tiempo.

Dale la paz, paciencia, templanza y mansedumbre para aceptar cualquiera que fuera tu voluntad. Si está en tus manos y en tu voluntad, concédele la oportunidad de conocer ese padre o esa madre que nunca ha conocido. Que de la forma en que Tu quieras hacerlo este milagro se haga una realidad en

su vida. Ayúdale a entender que si no sucediera, tu te ofreces como el padre o la madre que no han conocido. Que estás dispuesto a cuidarle con un amor sincero y eterno. Espíritu Santo, dale el consuelo y la paz que su alma necesita. En tu nombre, Jesús, yo proclamo sanidad interna para esta vida y limpieza del corazón dolido.

UNA MADRE QUE ENTREGO SUS HIJOS

El motivo o causas por las que pasaste y que provocaron que tomaras la dfícil decisión de entregar un hijo, en este momento vienen a pasar a un segundo término. La primera necesidad viene a ser el que puedas pedir perdón y luego perdonarte a tí misma, lo cual producirá que puedas alcanzar la sanidad interna de tu alma.

Hoy quieres rehacer tu vida y enmendar todos los errores que cometiste en el pasado. Te felicito, es un buen paso para alcanzar la sanación. Me imagino que por años te haz sentido muy trizte y sola. Te ha faltado ese ser que por muchos meses llevaste dentro de tu vientre.

Algo pasó que no pudiste luchar contra eso y provocó que tomaras esa decisión. Hoy puedes comenzar a pensar en la posibilidad de reencontrarte con ese ser amado. No tienes las fuerzas y piensas que será muy doloroso. Qué excusa o razón le darás? Cómo explicar lo que ocasionó un dolor tan grande en ese ser que no tuvo la culpa de nada. Preguntas y respuestas que Dios te ayudará a procesar en su momento dado.

Al igual que como hoy tu te encuentras, tus hijos pueden estar deseando ese gran encuentro. Existe la posibilidad de que ya te hayan perdonado y estén deseando conocerte.

Por qué no te das la oportunidad de vivir ese momento tan emocionante?

Si tienes la idea de dónde pueden estar, inténtalo. Trata de localizarlos a través de algún familiar. Haz algo. No te quedes de brazos cruzados. Ve dispuesta a pedir perdón y no le des tanta importancia a qué excusa o razones les darás para que crean en ti.

En este proceso de la humillación, el Espíritu Santo de Dios te estará ayudando para hacerte más fácil el momento. Si ya haz estado ante la presencia de El, no dudes de que estará a tu lado.

Puede ser que no sepas cómo comenzar debido a que no sabes el paradero de ellos. No hay pistas y ningún familiar puede ayudarte. Te presento al mejor detective de todos los tiempos, Jesucristo. El que por años me ha resuelto todas mis situaciones difíciles y no me ha dejado en angustias.

Si mantienes un contacto directo con El, te guiará por la senda que te hará encontrar a esos hijos. Busca apoyo en grupos cristianos, solicita la oración en alguna iglesia cristiana que encuentres cerca. La oración de dos o tres en el nombre de Jesús, tendrá una respuesta positiva.

El tiempo que dure esta búsqueda puede ser determinante en tu vida porque en el proceso, Dios te irá sanando las heridas provocadas por el dolor y penas pasadas. Perdónate a tí misma. Levanta tu ego personal. Basta de sufrir, hoy ha llegado el fin de tu rostro entristecido. Lucirás con una mirada de fe y esperanza hacia un futuro prometedor.

Es tiempo de citar el Salmo 5 verso 3: **Oh Jehová, de mañana oirás mi voz; de mañana me presentaré delante de ti y esperaré."**

Puede ser que estés cercana a una gran reunión. No te rindas y lucha hasta alcanzar todo lo que te propongas. Con la ayuda del Señor lo lograrás.

"TU EJERCICIO DE SANIDAD"

Tu ejercicio de sanidad constará de perdonarte a tí misma por todo lo pasado y por las decisiones incorrectas que en un momento de desesperación tuviste que tomar. Además proclamarás con tu boca que Jesús es tu único ayudador. El recibirá toda la Gloria y toda la Honra por lo que está haciendo en tu vida.

Después que sientas esta liberación interna, estarás lista para recibir la voluntad de Dios. Esta puede ser inmediata, como

También puede tomar un poco de tiempo en lo que haces todas las gestiones necesarias para localizar tus hijos. Pero no importa el tiempo que esto tome, ya estarás preparada para enfrentarte con el resultado final.

Padre, llevo ante tu presencia a esta madre que luego de reconocer sus errores pasados y de confesarte como su Salvador y Ayudador, desea con todo su corazón recuperar a ese hijo que una vez tuvo que abandonar.

Quizás no conoce su rostro, pero lo llevó en su vientre por largo tiempo. Unida a ella hoy te pido que le concedas esa petición y que siembres la alegría en su corazón, llenándola de la esperanza de encontrarse con ese ser amado. En el nombre del Padre, Hijo y Espíritu Santo, yo ato todo poder de las tinieblas que quiera impedir que ese reencuentro se haga realidad.

En el nombre de Jesús proclamo victoria, fe, esperanza y la seguridad de que todo se hará en tu voluntad. Amén

"DOLOR POR UN PASADO OCULTO"

Viví una vida tormentosa

Todos los seres humanos llevamos dentro la vivencia de un pasado. Para unos ha sido una etapa normal, pero para otros ha sido muy trizte y dolorosa. A unos muchos le ha tocado vivir ocultando situaciones quizás bochornosas, las cuales les han causado heridas muy profundas porque nunca se han atrevido confesárselas a nadie.

Esto por supuesto ha provocado en ellos el vivir angustiados y con el temor de que en algún momento alguien se pueda enterar y sacarlo a la luz.

Vivir ocultándose de alguien que te conoce ese pasado, ha sido para tí un sufrimiento muy grande. Pensar en que puedas perder tu nueva familia, incluyendo esposo e hijos, te está destruyendo internamente.

Muchas personas no han tenido el valor de hacer una confesión importante en el momento preciso. Pensaron que dejándolo para más adelante sería lo mejor. Pero ese más adelante, nunca llegó. El miedo y la inseguridad se hicieron presentes y fueron el obstáculo para que una verdad fuera descubierta y liberada de un corazón oprimido.

Pasaron muchos años y no tuvieron el valor de confesarlo. Al presente , deprimidos , angustiados y llenos de incertidumbre, desearían haberlo hecho antes y haberse evitado años de tanto dolor. Ahora te preguntas ¿Qué hago con lo que llevo dentro de mi?

¿Qué efecto causará en los que me rodean la confesión de una conducta impropia e inmadura que tuve hace años? Podré recibir el perdón? O será mejor que continúe manteniendo todo en oculto?

Mi consejo es que debes meditar con mucha responsabilidad sobre el asunto. Si eres una persona casada y algunas de esas confesiones tienen que ser a tu esposo o esposa, te aconsejo poner en balanza los años de matrimonio que haz vivido con tu compañera (o) y lo que conllevaría el divulgar el pasado.

Si puedes recibir la sanidad interna personal a través de lo que leas en este libro, hazlo primeramente. Quizás todo lo que necesitas es perdonarte a tí misma por lo que fuistes o hicistes, sin necesidad de hechar a perder todos esos años.

El sentimiento de culpabilidad nos acompaña en casi todas las etapas de nuestra vida. Aquel a quien hemos ofendido ya nos perdonó, pero nosotros mismos no lo hemos hecho.

*Aquello otro que hicimos ya Dios lo olvidó, pero nosotros todavía lo recordamos. Pienso que es cuestión de **sanar y olvidar**. Algunas confesiones en lugar de hacer bien, pueden ocasionar más daño.*

Quien diga que nos ama, debe demostrarlo aún sabiendo que en algún momento de nuestras vidas cometimos errores de los cuales nos arrepentimos. Todo ser humano pasa por etapas en su vida de inmadurez. La inmadurez se supera a través de las experiencias que nos da la vida misma.

Es por eso que en algún momento podemos demostrar una conducta y en otro momento, en la misma situación, podemos actuar de otra manera.

Hoy por hoy, si ya eres una persona responsable y con una conducta intachable, no debes de sentirte mal al pensar que alguien pueda divulgar parte de tu pasado. Si en este momento alguien está tratando de chantajearte, no tengas miedo a enfrentarte a la verdad.

No pienses que debes decir o contar todo tu pasado. Te haz recuperado y ya quizás no existe nada de aquella persona que cometió tantos errores.

Un secreto Oculto

Si lo que te está afectando es el conocimiento de un secreto familiar y sientes que ya no puedes retenerlo más, piensa primero en las consecuencias que podría traer el que lo divulgues.

Medita en las consecuencias. Valdría la pena confesarlo? Quién se beneficiaría y quién se perjudicaría? Sería conveniente la espera y la meditación en el Señor. Esperar en oración las directrices que El te pueda dar a través del Espíritu Santo.

Lo más importante, lo harás tu ahora. Limpiarás tu alma, tu mente y tu corazón de todo remordimiento que exista. Ya no eres culpable.

"TU EJERCICIO DE SANIDAD"

En este momento limpio mi mente a través de la presencia del Espíritu Santo. Pongo en manos del Todopoderoso todo pensamiento que por años me ha ocasionado dolor y sufrimiento. En este momento lo ato y lo echo fuera de mi cuerpo y le ordeno que no vuelva a mi para dañarme.

Las fuerzas que me da el Señor me ayudan a vencer y a esperar en El la respuesta de lo que he de hacer. Ya no temeré. Me enfrentaré al futuro con mi frente muy en alto. El pasado ya no me hará daño. Me amo a mí misma (o) porque Dios me amó primero. Gracias por lo recibido. Lucharé contra todo lo que satanás interponga en mi camino para desviarme.

Las fuerzas que hoy he recibido, serán permanentes en mi y tendrán el efecto de ayudar a otros.

" EL DOLOR CAUSADO POR EL MALTRATO FISICO "

El maltrato físico es una de las causas por lo cual hoy día más sufre la mujer, amén de algunos hombres que también son abusados.

El maltrato físico, emocional o de palabras, ocupa un gran porciento en la población mundial. Los números continúan aumentando y las víctimas callando. No se quiere hablar del tema. Los temores están presentes y los abusadores saliéndose con la suya.

El maltrato físico produce dos tipos de heridas. Las físicas y las emocionales. Las físicas, por más graves que sean, con el paso del tiempo, se pueden curar. Las emocionales, pueden durar toda una vida.

*Es tiempo ya de que si eres un número de estas estadísticas, digas **basta**. La violencia doméstica se puede superar. Es posible salir de ese círculo y pasar a vivir una vida de paz y armonía.*

Por el contrario, el maltrato emocional no produce heridas que se puedan ver a simple vista, pero sí produce unas heridas internas que sangran a diario.

Cuando te denigran y te dicen que no eres nadie, duele. Cuando te susurran al oído que no sirves para nada, duele. Pero hoy es el día. Día cuando Dios, a través de Jesucristo, te dice llegué a salvarte. Yo te creé para que fueras libre, para que tuvieras vida y vida en abundancia.

¿Con qué Propósito fuí Creada?

*Narra la Biblia en Génesis 2:18 que"**dijo Jehová Dios: No es bueno que el hombre esté solo: le haré ayuda idónea para él".***

Génesis 2:22 "De la costilla que Jehová Dios tomó del hombre, hizo una mujer, y la trajo al hombre". *Versos 23 y 24 también leen: "Dijo entonces Adán: Esta sí que es hueso de mis huesos y carne de mi carne. Será llamada "Mujer" porque del hombre fue tomada. Por tanto dejará el hombre a su padre y a su madre, se unirá a su mujer y serán una sola carne".*

Fuimos creadas para amar, ayudar y acompañar. También para llenar el vacío de soledad del hombre. No estuvo, ni está en el plan de Dios que nuestros cuerpos reciban los golpes propinados por un ser despiadado.

Tu cuerpo y el mío son el Templo donde mora el Espíritu Santo de Dios. Por lo tanto, debemos cuidarlo con ese propósito. Detén hoy ese abuso. Eres tu y solamente tu quien debe hacer un alto a la violencia doméstica.

¿Cómo lo Hago?

En primer lugar saca de tu mente que lo que estás pasando te lo merecías. Los abusadores le hacen pensar a sus víctimas que lo que ellos le hacen, ellas lo merecen por algún error cometido y porque quizás no son lo que ellos quieren que sean. Pues No. Mereces lo que Dios estableció para todo ser humano. Una vida de Victoria.

Quien te maltrata y ofende de palabras, no te ama. El amor no son golpes, no son ofensas. Génesis te dice para qué fuiste creada.

En segundo lugar, párate frente a un espejo y vé lo hermosa que eres en tu interior, aunque tu físico no lo sea tanto. **Génesis 1:27 lee: Y creó Dios al hombre a su imagen, a imagen de Dios lo creó; varón y hembra los creó".**

Sabes lo que esto significa? No es un rostro físico, sino un rostro de amor, fe, pureza.

En tercer lugar, decídete a terminar ese ciclo de maltrato. Busca ayuda. Busca un refugio físico y espiritual. Con tu frente muy en alto y tomada de la mano de Dios, encontrarás una puerta abierta. El mismo te la abrirá.

"TU EJERCICIO DE SANIDAD"

Ha llegado el momento de decidirte a terminar el maltrato físico. Hoy marcarás un nuevo comienzo en tu vida. Dirás basta. Con todo tu corazón, pronuncia estas palabras, dirigidas al Dios que puede ayudarte y que te fortalecerá para que puedas levantarte y rehacer tu vida, tus planes y tu futuro.

"Dios, he decidido terminar con lo que por tanto tiempo me ha hecho tanto daño. Hoy, con tu ayuda, saldré adelante ha disfrutar de todo lo hermoso que un día tu dispusiste para los seres humanos. Pensaba que esto que me ha ocurrido, lo merecía. Pero ahora entiendo que no. Me decido a ser feliz. Hoy me daré el valor que merezco. Saldré de este círculo de sufrimientos y buscaré un nuevo sendero. A ti, Dios, te encargo que sanes las heridas tan profundas que están en mi corazón". Gracias porque hoy comienzo a sentir esa liberación y veo un futuro prometedor.

"OTRAS CIRCUNSTANCIAS QUE CAUSAN DOLOR"

Tu tristeza y dolor quizás no está reflejada en las circunstancias antes mencionadas. Existen un sinnúmero de otras más que están destruyendo muchas vidas.

*Es posible que ante tanto dolor estés considerando el suicidio como la gran alternativa. Pero a tí también quiero dedicar el tiempo para que entiendas **la gran mentira que es el suicidio.** No es la alternativa para la situación que estás atravesando. Si ha sido así, permíteme, en el Nombre de Jesús, ofrecerte otra esperanza.*

*La **voluntad** de Dios desde el principio de la creación, fue que el hombre que El creó viviera por siempre. El pecado de la primera pareja, fue la causa de que esto no se llevara a cabo, por lo que la muerte vino a hacerse presente. Lo podemos leer en **Romanos 5:12 - "Por tanto, como el pecado entró en el mundo por un hombre, y por el pecado la muerte, así la muerte pasó a todos los hombres, por cuanto todos pecaron".***

Aún así, El le ha ofrecido al hombre vida y vida en abundancia. Esto significa que tu vida tiene mucho valor para el Creador. Muchas de las personas que piensan en el suicidio como alternativa a sus problemas, no tienen el conocimiento de lo que ocurrirá después de la muerte.

Sí, terminan tus problemas terrenales, pero comienzan los espirituales. Estos son eternos. ¿Cómo crees que los resolverás? Sabes que los problemas eternos hay que comenzarlos a resolver mientras estamos en vida? Entonces podemos resumir que si te quitas la vida, irás a la eternidad cargado de problemas. La única alternativa que tienes es encontrar la ayuda a tu situación, y créeme que todas la tienen.

*El **dolor** de tu corazón es tan profundo que no te haz permitido imaginar cuán cerca está Dios de tí. En el **Salmo 34:18 dice que "cercano está Jehová a los quebrantados de corazón; y salva a los contritos de espíritu.** Que esperanza tan linda te ofrece el Señor. Estar a tu lado mientras sufres. Ofrecerte la salvación mientras estás trizte.*

*Entiendes ahora porque **no hay que quitarse la vida**. En las angustias El te conoce. Atrévete a confíarle a El todos tus temores.*

*A continuación hablaré un poco sobre **La Depresión**. Sé que es un tema que te interesa porque imagino que estás atravesando por ella, pero no la conoces. Este **estado de ánimo** es el que puede causarte los deseos de quitarte la vida. Conócelo.*

"LA DEPRESION"

Se le conoce como una enfermedad depresiva. A pesar de que muchas personas piensan que es una enfermedad incurable, la depresión se puede tratar de diferentes formas y con diferentes métodos.

La depresión afecta la forma en que piensas y trastorna el ánimo para realizar nuestras tareas. Quienes pasan por este proceso regularmente pierden el deseo de comer y por lo regular, se les dificulta el dormir.

Algunos síntomas de esta enfermedad los son: estar trizte, pérdida de interés de la mayoría de las actividades, pérdida de apetito, mal humor, insomnio, sentimiento de culpa, ansiedad, etc.

Según estudios, algunos de los factores que contribuyen a que esta enfermedad se desarrolle son los problemas familiares, problemas económicos, tensiones, problemas en el área de trabajo, etc.

Humanamente los expertos tratan la depresión con terapias y medicamentos. Estos métodos son de beneficio para aquellos que se han sometido a ellos. Unas veces logran el propósito y otras no.

Me atrevería a decir que muchas personas han entrado a la depresión debido a su alejamiento de Dios.

Nunca aprendieron a tener una relación cercana con El, por lo que no lo conocen. Al enfrentarse a los problemas del diario vivir, se encuentran imposibilitados para resolverlos y por consiguiente, al no tener a quien recurrir, entran en la desesperación.

*Tengo que aclarar que a nuestra vida vendrán situaciones muy difíciles. Tan difíciles que perderemos la cordura ante ellas. Y ese es el momento de mirar al Cielo, al Ser Supremo que nos dió la vida, y solicitarle su ayuda. Esto no significa que para los problemas "**simples**" no tenemos que clamar a El, sino que nuestra capacidad no se afecta con estos "**simples**" y sí con aquellos que nos parecen más difíciles.*

Por lo tanto, con el solo hecho de tu hablar con Dios antes de caer en un estado depresivo intenso, obtendrás respuestas positivas a tus planteamientos.

*Voltéate a El. Visita la Iglesia. Busca ayuda espiritual y quizás ya no tendrás que depender de medicamentos por el resto de tu vida. No te quites la vida. Aún te falta mucho por hacer. Tienes que aceptar a Cristo como tu Salvador para **poder disfrutar de una vida eterna en paz.***

"DOLOR CAUSADO POR LA VIUDEZ"

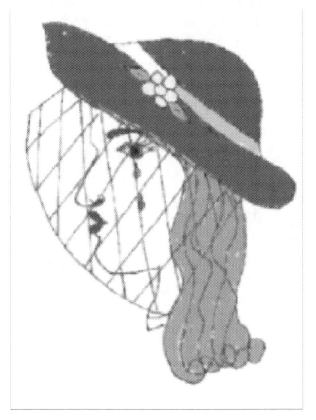

La experiencia de la muerte de la esposa o el esposo es una de las más trizte y difícil de superar para el ser humano. Esto debido a que en muchas ocasiones hemos aprendido a depender por completo de esa persona que al no tenerla a nuestro lado, pensamos que no podremos enfrentar la vida y sus situaciones futuras.

*Cuando se pasa por el proceso de ser **"viuda o viudo"** se nos vienen a la mente pensamientos negativos y se experimenta mucho el **"miedo a todo lo porvenir"**. Si hemos quedado con hijos pequeños y en una situación económica un poco apretada, este miedo se hace sentir mucho más.*

Para ti que estás pasando por este difícil proceso, tengo estos consejos de la Palabra de Dios y de mi propia experiencia personal, ya que también pasé por esta situación.

*Las heridas que causan la viudez son muy profundas. Pero Cristo nos ofrece alternativas para poderlas curar. Tómalas en tus manos. Hoy pueden ser tu salvación y la alternativa para llegar a la **Sanidad.***

"Mi experiencia personal"

Cuando en el año 1986 el padre de mis 2 hijas falleció a causa del virus del SIDA, no quedó en mi mente una idea de qué iba a ser de nuestras vidas en un futuro. No vislumbraba nada. Mi mente estaba en blanco.

Un día mientras meditaba en todo lo que me había acontecido, el Señor me llevó al Libro de Jeremías Capítulo 49 verso 12: **Porque así ha dicho Jehová: He aquí que los que no estaban condenados a beber el cáliz, beberán ciertamente; ¿y serás tú absuelto del todo? No serás absuelto, sino que ciertamente beberás.**

Con este texto entendí que el Señor me estaba diciendo que no le preguntara por qué había muerto mi esposo. En la interpretación del mismo, pude comprender que si Cristo que no estaba condenado a pasar todos los sufrimientos que pasó, lo hizo, cuanto más yo que era pecadora. La Palabra del Señor nos dice en Hechos 14:22 que: **Es necesario que a través de muchas tribulaciones entremos en el reino de Dios.**

Esto me confortó de una manera maravillosa. Sentí que no tenía porque reclamarle nada al Señor.

Lo que me había pasado era parte de lo que tenía que ocurrirme para el crecimiento de mi vida espiritual. En ningún momento eso era un motivo para culpar al Señor.

*Pero lo más hermoso me ocurrió cuando leí el texto anterior a este: **"Deja tus huérfanos, yo los criaré; y en mí confiarán tus viudas.** Oh, que palabras alentadoras! Que promesa tan linda de parte de Dios para ese ser que como tú y como yo pasamos ese momento de tanta angustia.*

Deseo compartir contigo la experiencia de haber contado con la ayuda del Señor en todos los 14 años que estuve viuda. Nunca faltó el alimento en mi mesa. Nunca mis hijas carecieron del techo y mucho menos del abrigo. El estuvo con nosotras en todo momento.

*En el Capítulo del **Dolor por una Muerte**, explico con detalles cómo el Señor me ayudo a superar la muerte del padre de mis hijas. Te recomiendo que lo leas, quizás te pueda ayudar en tu propio proceso.*

*Ahora que sabes que El te ha prometido acompañarte en ese difícil proceso, comienza tu **Sanidad Interna**. No estás sola. Hoy, después de casi 21 años, te puedo decir que sí se puede. El proceso de la viudez, aunque doloroso, es uno de madurez y crecimiento.*

"TU EJERCICIO DE SANIDAD"

Lo vencí y hoy soy una mujer feliz a la que Dios le ha recompensado con un maravilloso esposo y un hogar muy estable. A El sea la Gloria.

Haz conmigo esta oración de fe que te ayudará a sentir la presencia de Dios en tu vida y comenzar tu proceso de sanidad.

Padre Santo, llego a tu presencia con este dolor inmenso en mi corazón, causado por la partida de esa persona a quien tanto quise. Ayúdame a pasar esta prueba, así como Cristo, tu hijo, pasó el cáliz de su copa.

Si tu me tomas de la mano y te apoderas por completo de todos los míos, sé que no tendré a qué temerle. Jesús, cuando lleguen los días de miedo, de soledad y quizás los de escasez, te tendré a mi lado. Las lágrimas que tenga que derramar, deposítalas en tu redoma. A mis hijos, muéstrales tu camino.

Que la falta de su padre o madre, no sea un motivo para que ellos se desvíen por rumbo equivocado. Hoy comienzo un proceso de sanidad y a ti daré toda la Gloria y toda la Honra porque lo atravesarás conmigo.

Así como Jehová le dijo a la **viuda** *de Sarepta, te dice hoy a ti: La Harina de la tinaja no escaseará, ni el aceite de la vasija disminuirá, hasta el día en que Jehová haga llover sobre la faz de la tierra. 1ra. Reyes 17:14.*

LA FRUSTACION POR TENER IMPEDIMENTOS FISICOS

Tu frustación puede estar basada en que naciste con algún defecto físico o porque en el transcurso de tu vida, un accidente o enfermedad, te provocó el mismo.

¿Por qué dedicarte un capítulo?

El propósito de esta escritura es llevarte a entender que aunque esa sea tu situación, puedes vivir siendo feliz. Si tus defectos físicos se pueden corregir, Gloria a Dios, sino se pueden, Gloria a Dios también. La felicidad del ser humano no está basada en ello. Existen alrededor del mundo entero miles de seres humanos que gozan de una felicidad plena, aún teniendo impedimentos o defectos físicos.

¿Por qué vivir feliz con un defecto o impedimento físico? Porque Cristo no hace acepción de personas. Ama y respalda a todo aquel que lo busca. Nunca esa situación debe ser un obstáculo para realizarce en la vida. Aunque sí es cierto que muchos dudarán de tu capacidad intelectual, puedes demostrar todo lo contrario.

Con fe y optimismo saldrás adelante a realizar la labor que Dios espera de ti. Esta puede estar basada en ayudar y alentar a otros que necesiten salir adelante. Aprendamos que de nuestras situaciones negativas podemos hacer experiencias fructíferas.

Esto es lo que precisamente yo he hecho. Tomar esas mis experiencias y hoy compartirlas con otros para que vean que sí se puede salir adelante, apesar de las circunstancias.

Quisiera llevarte por un corto recorrido Bíblico en el cual encontraremos varias personas con esta misma situación y cómo les fue en sus vidas.

EL COJO DE NACIMIENTO (HECHOS 14:8-10)

"Y cierto hombre de Listra estaba sentado, imposibilitado de los pies, cojo de nacimiento, que jamás había andado. Este oyó hablar a Pablo, el cual, fijando en él sus ojos, y viendo que tenía fe para ser sanado, dijo a gran voz: levántate derecho sobre tus pies. Y él saltó y anduvo.

En la realización de este milagro observamos un detalle muy interesante. Este hombre tuvo fe de que podía ser sanado. Y fue precisamente ese milagro el que lo levantó derecho sobre sus pies, a pesar de que era un defecto de nacimiento.

EL PARALITICO DE BETESDA (JUAN 5:5-9)

*Y había allí un hombre que hacía **38** años que estaba enfermo, Cuando Jesús lo vio acostado y supo que*

llevaba ya mucho tiempo así; le dijo: ¿Quieres ser sano? Señor, le respondio el enfermo, no tengo quien me meta en el estanque cuando se agita el agua; y entre tanto que yo voy, otro desciende antes que yo. Jesús le dijo: Levántate, toma tu lecho y anda. Y al instante aquel hombre fue sanado y tomó su lecho y anduvo.

Este es otro milagro lleno de fe. El obedecer la voz de Jesús y levantarse sin poder, es un acto de pura fe. Si en este momento alguien te preguntara si quieres ser sano, qué le responderías. Estarías dispuesto a hacer lo que hasta ahora no haz hecho. O simplemente te conformarías en decir, eso no puedo hacerlo.

EL MUDO QUE HABLO (MATEO 9:32-33)

Mientras salían ellos, he aquí le trajeron un mudo, endemoniado. Y echado fuera el demonio, el mudo habló; y la gente se maravillaba y decía: Nunca se ha visto cosa semejante en Israel.

Esta es otra situación a considerar. Al igual que esta, algunos impedimentos físicos, pueden ser asuntos espirituales. Esto es, que están o fueron producidos por posesiones demoniacas. Solo serán sanadas cuando se haga una intervención espiritual. En este caso solo se necesita un siervo de Dios lleno de su Espíritu Santo que, al igual que en el caso antes citado, reprenda ese demonio y se realice el milagro de sanidad.

Cada uno de estos casos muestra una situación diferente y difícil, pero fueron atentidos con la importancia que requerían. Jesús llegó a tiempo a cada uno en particular. Aunque pasaron años, encontraron la solución y lo que fue imposible para el hombre realizar, Dios, el Ser Supremo del Universo, lo hizo con su Poder Infinito.

¿Qué piensas ahora de tu situación? Te conformarás con quedarte como estás o estás dispuesto a darte la oportunidad de luchar por un milagro en tu vida.

Ese mismo Jesús que obró en la vida de estas personas, es el mismo que hoy te quiere ayudar. Si te tocó quedarte como estás, no importa. Aprovecha la oportunidad de vida que tienes. Explora a ver cuál es tu potencial. Que tienes para dar.

Si sirven tus manos, haz algo productivo para otros con ellas. Quizás puedas escribir algo bonito o puedas dibujar un bonito paisaje. Desarrolla alguna habilidad aunque sea con tus pies. Recuerdo haber visto en la televisión un muy estimulante reportaje de un joven que le faltaban sus dos manos, más sin embargo aprendio a dibujar con sus pies. Desarrolló una habilidad increíble usando el pincel de pintar entre sus dedos de los pies. Un hermoso ejemplo de superación y deseos de salir adelante.

Y qué me dices de esos ciegos que aprenden a desarrollar sus habilidades aún sin haber visto nunca lo que los rodea.

Adelante, busca ayuda. Que alguien te ore. Pídele tu mismo a Jesús que te toque y que antes de sanar tu cuerpo, pueda sanar tu alma afligida.

LA AUTOESTIMA

Podemos definir la autoestima como el sentimiento de aceptarse y apreciarse uno mismo. Tiene que ver con el concepto que tenemos de nosotros mismos. Una autoestima "alta" nos eleva los deseos de triunfar, nos motiva a seguir adelante y a alcanzar todos nuestros objetivos, no importando los inconvenientes que encontremos a nuestro paso.

Los seres humanos que poseen este nivel de altura pueden superar sus problemas o dificultades personales sin la motivación de otras personas. También pueden resurgir como personas independientes en todo. Si el otro no quiere, ellos sí lo quieren y lo logran. Su personalidad es una definida, saben hacia donde se encaminan y son muy creativas.

Al poseer una autoestima alta te llevas bien contigo mismo, sientes que tienes el control de tu vida. Las situaciones que la vida te presenta son retos para los cuales te sientes preparado, sientes que tienes el poder de vencerlos y sabes lo que tienes que hacer en cada uno de ellos.

Por el contrario, personas que poseen una "baja" autoestima, no creen en ellas mismas, son muy inseguras. Les gusta justificar con alguna excusa, las situaciones a las cuales se tienen que enfrentar para así evadirlas. Son personas que se rinden fácilmente ante los desafíos.

Generalmente se fijan metas que nunca las alcanzan. Ellas mismas se critican sus actos y siempre tienen consigo un sentimiento de culpabilidad.

El que posee una baja estima generalmente está lleno de temores, los cuales le impiden el crecimiento en todas las áreas de su vida.

QUE ME ACONSEJA LA BIBLIA?

*Veamos lo que Jehová le aconseja a Josué ante el reto de una gran conquista: **La Tierra de Canaán**. Nada fácil para lograr, pero ante unas palabras tan alentadoras, cualquiera con una autoestima elevada, estaría dispuesto a enfrentar.*

> **Mira que te mando que te esfuerces y seas valiente, no temas ni desmayes, porque Jehová tu Dios estará contigo en donde quiera que vayas". (Josué 1:9)**

Josué siguió estas instrucciones y pudo lograr el propósito para el cual fue llamado. Una y otra vez Jehová le indicaba, "solamente que te esfuerces", "sé muy valiente", "no temas", "no desmayes".

Valorarte a ti mismo, amarte, creer en ti, es todo lo que necesitas para proclamarte un triunfador en la vida. Si te esfuerzas en lograr lo que propones, si eres valiente ante todas las adversidades, si no le tienes temor a lo desconocido ni a lo que está por venir y si no desmayas ante lo que te está ocurriendo en este punto de tu vida... lo lograrás. Serás un vencedor y alcanzarás las metas que te has propuesto.

No te rindas...ese problema, esa enfermedad, la depresión, podrás vencerla con la ayuda del que todo lo puede.... Jesucristo. Grandes victorias te esperan, quizás ya estás a punto de alcanzarlas, por lo tanto, no te rindas y sigue luchando.

Que algunas cosas te hayan salido mal o te hayan marcado, no importa, vuelve y comienza. Aprende de tus errores y la próxima vez hazlo mejor. Cree en ti mismo. Evalúa en qué fallaste esa primera vez y corrige lo que no te guste, cámbialo, tienes el poder para hacerlo.

No permitas que otro te diga lo que debes o tienes que hacer. Sé tu mismo. No dejes que tus pensamientos te dominen, domínalos tu a ellos. Si a aquel no le gustó tu decisión, no importa, tu eres dueño de ti mismo. Toma las riendas de tu vida y que nadie te la dirija.

Emprende cosas nuevas. Mira a ver hasta donde eres capaz de llegar. Quizás descubras un sin fin de virtudes que han permanecido ocultas durante el trayecto de tu vida. Llega hasta donde puedas llegar y no te exijas a ti mismo más de lo que puedas dar. Acéptate tal y como eres. Así te creó Dios. Sé independiente, disfruta de lo que tienes en el presente.

"TU EJERCICIO DE SANIDAD"

Esta será tu oración a Dios para subir ese nivel de "baja estima" a uno de "alta estima". Proclamarás que hasta hoy fuiste débil, inseguro, manipulado, despreciado, dependiente y controlado.....**YA NO MAS........**

> "Jesús, hoy declaro inoperante en mi vida todas estas características negativas que me han seguido durante toda mi vida y que me han llevado al estado en que hoy me encuentro, estado de derrota y estancamiento. Declaro que con tu ayuda superaré este proceso actual y comenzaré en este mismo momento un proceso de Sanidad Interna. Declaro que podré vencer lo que antes me vencía, declaro que alcanzaré lo que no he podido alcanzar hasta esta etapa de mi vida. Declaro que soy útil para ti y que pondré todas mis fuerzas y energía para poder desarrollar mis capacidades y virtudes que antes desconocía que moraban en mi.

Me acepto tal y como soy y pongo en tus manos aquellos defectos que pueden ser corregidos para mi propio beneficio. Hoy declaro que daré lo mejor de mi…. AYUDAME A VENCER EL MIEDO.

EL SUICIDIO

En ocasiones las situaciones de nuestra vida que no han sido bien manejadas nos podrían conducir a que otras peores tomen lugar. En el capítulo anterior traté sobre el tema de **La Autoestima.** Sería imposible pensar que una persona con una autoestima alta pensara en el suicidio como alternativa a sus problemas.

Por el contrario, sabemos que personas con baja estima sí pueden considerar el suicidio como la alternativa para terminar con sus problemas, los cuales ellos por cuenta propia, no han podido resolver.

El suicidio es aquella acción de quitarse la vida volunta-riamente, o sea, matarse a sí mismo. Ciertas estadísticas establecen que el suicidio es la cuarta causa de muerte más frecuente en todo el mundo. Se dice que puede haber entre 9,000 a 10,000 casos diarios, algo muy alarmante y que merece nuestra consideración.

Aquellas personas que usted escuche diciendo, "mi vida ya no tiene sentido", "no valgo nada", "no sirvo para nada", o "nada me motiva a vivir", pueden estar cerca de considerar el quitarse la vida. Nunca piense que estas declaraciones son simplemente una "broma", ya que cuando te dés cuenta de que la persona la hizo una realidad, pensarás en lo que pudiste haber hecho y no lo hiciste.

Dos perspectivas que pueden llevar a alguien a considerar el suicidio, son los problemas actuales y los de la infancia. Estas dos pueden estar muy marcadas dentro del corazón del ser humano, por lo que es importante analizar y proveer la ayuda necesaria antes de que se cometa la acción.

Un punto muy importante a considerar es que si no hablamos y exponemos lo que llevamos dentro, será casi imposible encontrar quien nos pueda ayudar a sacar tales pensamientos de nuestra mente. Cada caso debe ser analizado por separado porque cada uno muestra una situación en particular.

Los problemas de la infancia suelen quedar guardados y desarrollarse en cierta etapa de nuestro crecimiento. Es ahí cuando debemos comenzar a buscar ayuda si éstos nos ocasionan algún daño emocional.

Encontraremos que ciertas situaciones, aunque las recordemos, nos nos causarán daño, por el contrario, otras nos pueden impedir que nos desarrollemos emocionalmente sanos. Si estas situaciones no las atendemos a tiempo, éstas nos pueden llevar a una depresión incontrolable y a su vez llegaríamos a considerar el suicidio como la alternativa correcta para acabar con ellas.

Los problemas actuales podremos tratarlos con el fin de conseguirles una posible solución. A los del pasado tendríamos que aplicarles **"El Proceso de la Sanidad Interna".**

COMO TRABAJAR CON ELLOS?

En mi experiencia personal, y es la inspiración de este Libro que estás leyendo, pude lidiar satisfactoriamente con cada una de las situaciones que me presentó la vida, a través de mi **fe y creencia en Dios.** En adición, conseguí ayuda de personas capacitadas que me fueron orientando de cómo seguir viviendo sin pensamientos negativos que me perturbaban.

Es importante que puedas identificar este tipo de recursos, ya que el acercarte a personas que no están "sanas" emocionalmente y que tengan una autoestima baja, lo que provocaría es que recibas una orientación equivocada, la cual en vez de mejorar tu situación, la empeoraría.

DONDE BUSCO AYUDA?

Muchos podrán darte su número telefónico o la dirección de su consultorio. Como expresé anteriormente, yo también los utilicé en algún momento crucial de mi vida, aunque el *suicidio nunca fue una opción que consideré para terminar con mis problemas.*

También entiendo que cada caso es diferente y que habrán muchas personas que por lo grave de su situación, no podrán analizar y decidir el mejor camino a seguir. Ya en esos casos se recomienda hospitalización, medicamentos, terapias, etc.

*Hoy aquí, mientras lees, te daré a conocer lo que a mi me funcionó. Aunque mi corazón estaba destrozado, mis capacidades emocionales y físicas no habían sucumbido por completo. **La fe en mi Salvador Jesucristo** me mantuvo en pie de lucha. Me adentré en las páginas de **La Biblia**. Algunas cosas no las entendía, pero aquellas que me iban a causar un efecto positivo, esas las hice mías.*

En la lectura de La Biblia encontré palabras de vida y de esperanza. Incluso, encontré historias terribles de hombres y mujeres que pasaron por momentos críticos, pero que pusieron todo en manos de Dios y recibieron una pronta respuesta.

*Como Segundo paso, me comuniqué con Dios con palabras sencillas, pero que salían de lo más profundo de mi corazón. **Tuvieron resultado…..El me escuchó.***

En Jeremías 33:3, Dios le dice al Profeta, "Clama a mi y yo te responderé y te enseñaré cosas grandes y ocultas que tu no conoces". Hazlo ahora mismo si estás teniendo estos pensamientos negativos. Clama a Jehová por ayuda inmediata. Con las palabras que puedan salir por tu boca. El ha prometido responder a ese clamor y mostrarte el camino correcto que debes seguir.

El te dio la vida, por lo tanto a El le perteneces. No somos dueños de ella, solo la administramos para algún día volversela a dar. Si eres alguien que no cree en Dios y no tienes la intención de sentarte a leer La Biblia, que es mundialmente reconocida como la **Palabra de Dios**, entonces mi humilde opinión es que serás arrastrado hacia lo que tus pensamientos te dirijan.

No hay otra solución sino la ayuda del Altísimo. Los médicos, siquiatras, consejeros, medicamentos, etc. son un complemento terrenal que sí sabemos que mejora, pero en este caso no solo queremos mejorar, **sino sanar para siempre.** Luego utilizaremos nuestra experiencia para ayudar a otros, lo cual es lo que estoy haciendo con este escrito.

"TU EJERCICIO DE SANIDAD"

Te invito a realizar esta oración como tu ejercicio de sanidad interna por las situaciones pasadas en tu infancia y por las del presente.

Dios, vengo a ofrecerte este mi corazón lleno de amarguras y mi mente acaparada de pensamientos negativos. No quiero pensar en el suicidio como la alternativa para terminar con ellos. Quiero darte la oportunidad de que seas tu quien me ayudes y me muestres un mejor camino a seguir. En muchas ocasiones me equivoqué en mis decisiones, otras veces han sido otros los que me han causado daño, pero hoy entrego todo a ti porque yo me siento insuficiente para luchar. No puedo solo…..necesito de ti. Necesito ver tu manifestación en mi vida y que hagas en mi todas las cosas nuevas. Desecho y rechazo todo espíritu de suicidio de mi mente y lo declaro inoperante en mi y en la de aquellos que hoy se encuentran como yo. Declaro que buscaré tu rostro y ayuda de personas calificadas que me puedan dar la mano y guiarme hacia ti. Hoy comienza una nueva etapa en mi vida. Lucharé con todas mis fuerzas para obtener todo eso que tienes para mi. Mañana seré un ser Nuevo que ama la vida y que te agradece lo que le has dado. En el Nombre de Jesús lo declaro hecho. Amén

EL DOLOR DE UNA MADRE CON HIJOS O FAMILIARES EN UNA CARCEL

Este es uno de los capítulos que más he deseado escribir y el que quizás emocionalmente más me cueste.

Lo dedico con mucho respeto a todos esos padres que lo han pasado y a los que lo están pasando actualmente.

Independientemente de las causas por las que tu ser amado se encuentre privado de su libertad física y quizás sentenciado a muchos años de prisión, Dios en su infinito amor ordenó a su pueblo el acordarse de los presos. (Hebreos 13:3), "Acordaos de los presos como si estuviéramos presos juntamente con ellos".

Si analizamos este mandato, nos daremos cuenta que mientras piensas que estás sola (o) en tu prueba y en tu desesperación, existe un grupo de siervos de Dios alrededor del mundo orando y cumpliendo dicho mandamiento. En otras palabras, tu ser querido está siendo presentado a Dios día tras día para alcanzar sus misericordias. Habías pensado en esto?

En el dolor nos enfatizamos en pensar que estamos solos y que el que no está pasando por lo mismo que nosotros, se hace indiferente e insensible a nuestro dolor. Pero no es así, si la Iglesia de Jesucristo cumple con este mandato, en este mismo momento miles de ellos estarán orando por los tuyos.

Saber esto creo que será un gran alivio para tu vida. En medio de tu dolor sabes que no estás sola (o). Cuando Jehová ordenó esta oración especial, es mi opinión personal, sabía que todos aquellos que pasarían por ella enfrentarían el proceso de "la soledad".

*Estando ahí, atravesando por ese dolor, es donde se pierden los familiares y los amigos. Tan en cuenta tuvo Dios a los presos que quiere que cuando pensemos en ellos, lo hagamos como si fuéramos nosotros mismos. **"Que grande Amor".***

Viéndolo desde este punto de vista de tanto amor, ya entendemos que ninguno de ellos está solo mientras pasa su proceso. Al "preso" solo le faltaría tornarse a Dios para recibir todas sus bendiciones. Confesar sus pecados y arrepentirse sería lo ideal para alcanzar sus misericordias.

El pensamiento general sería preguntarnos qué será del padre, madre, esposa (o), hijos, etc. que se encuentra afuera esperando su milagro.

*Habrá algo que Dios podría hacer por el? La respuesta es un **SI**. El ofrece Consuelo y estar a su lado mientras todo pasa. He escuchado a algunas madres que han expresado que **"su corazón está partido y lleno de dolor porque un hijo está preso"**. Están llenas de frustación y su* *pensamiento se remonta al esfuerzo realizado durante toda su vida por hacer de ese hijo un gran ser humano.*

Ese sentimiento de frustación la invade y hasta llega a pensar que todo ha sido por su culpa. Especialmente si ha sido una madre soltera. La ausencia de un padre la hace ver que ese detalle la ha convertido en la culpable de que su hijo haya tomado un mal camino.

Pero si en algo les puede consolar estas mis palabras, sería bueno recordarles que cuando nuestros hijos son ya adultos, conocedores del bien, del mal y de las leyes que nos rigen, ya automáticamente quedamos libres de toda culpa por los actos que ellos cometan. Por lo tanto, debemos desechar ese sentimiento y evitar todo lo que nos produzca un daño emocional o físico.

Debemos continuar nuestra vida con la fe y esperanza de que Dios ha prometido trabajar en sus vidas y también en la de todo aquel que esté a su lado. No debes llegar al punto de dudar de la existencia de Dios ni de su poder infinito. Esto te convertirá en un ser suceptible al fracaso. Y si tu fracasas, qué le ofrecerás como esperanza a tu ser querido?

Vamos....levántate....no sufras más y comienza en este mismo momento...........

"TU EJERCICIO DE SANIDAD"

Hoy creeré y llevaré a mi corazón que **NO** *estoy sola (o) pasando por este difícil proceso. Que mi familiar está cubierto por la oración de miles de creyentes alrededor del mundo que sin conocerlo oran a Dios por el.*

Que la fortaleza de Jehová cubre mi vida y que no temeré mal alguno. Confiaré en que Dios tendrá el control de todo. Cuando lleguen esos momentos de angustia y de soledad, me aferraré a Su Palabra de Hebreos 13:3

Te daré gracias por el proceso. Quizás sea necesario en su vida para que allí donde se encuentra, pueda entonces reconocer cuan grandes cosas tienes para con el. Yo también aprenderé a reconocerte como el Dios que todo lo puede y que va junto a mi por el camino de la desesperación.

UN FINAL VICTORIOSO

Cómo Alcanzar la Sanidad Interna?

Espero que hayas entendido que los factores más importantes para triunfar en cada una de las situaciones antes mencionadas son: **el perdón a sí mismo, el perdón a los demás, la confesión y la búsqueda de soluciones.** *Es lo que funcionó en mi vida y lo que me ayudó a sanar mi interior.*

A todo el que ha tenido la oportunidad de leer esta inspiración que me ha sido dada por el Espíritu Santo, le aconsejo acercarse más a ese **Ser Especial** *que durante todas y cada una de las etapas difíciles de mi vida me ha sostenido en sus manos y me ha cuidado de manera especial.*

Para El somos hombres y mujeres dotados de dones y talentos. Todos somos útiles para su Obra. Espero que hayas recibido nuevas fuerzas y que tus pensamientos ya no sean los de ayer. Que con mucho optimismo puedas enfrentarte a la vida y que te decidas a procurar la ayuda del Señor. También te aconsejo salir a la comunidad y tocar a las puertas de aquellas instituciones que te puedan brindar la ayuda necesaria, especialmente **una iglesia.**

Personalmente me ví en situaciones inesperadas, peligrosas y en las que en un momento dado pensé no tendría la solución. Pero, Gloria a Dios, **Recibí Sanidad Interna.**

Amate a ti mismo. Piensa en los dones y talentos que Dios te ha dado y que te ayudarán a brindarle felicidad a alguien que está a tu lado.

Haz pensado en lo bienaventurado que eres? Existen muchos seres humanos con menos recursos que los que tu tienes. Gentes que con tantas limitaciones han encontrado gozo, paz y estabilidad emocional. Tu puedes hacerlo también.

*Tienes que intentar ser feliz. Tienes que ser feliz. Desecha todos los pensamientos que tenías antes de conocer a Cristo y date una nueva oportunidad. Piensa en lo siguiente: **lo que vales, no se mide por lo que posees materialmente, sino por lo que llevas dentro de ti.***

*La alternativa perfecta **es luchar.** Dios necesita que lo ayudes a realizar ese plan perfecto que un día trazó para ti. No te permitas ir a la eternidad sin completar ese plan. Sería bochornoso dar la excusa de "no pude", teniendo en tus manos las herramientas para vencer.*

*Desde hoy comienza a cambiar los pensamientos negativos en positivos. No te destruyas más quitándote el valor que Cristo te dio. Haz parte de tu diario vivir a **Filipenses 4:13, "todo lo puedo en Cristo que me fortalece".***

Que la bendición de Dios Padre, Hijo y Espíritu Santo, te ayuden a superarte y a ser luego un canal de bendición para otros que se encuentren tan triztes como antes lo estabas tu. Amen...............

LA AUTORA
AGRADECIDA DE DIOS.

Printed in the United States
By Bookmasters